12547499R00062

Made in the USA
San Bernardino, CA
11 December 2018